WARUM Geschichten

Manfred Mai

MEINE ZÄHNE

Zeichnungen von Dagmar Geisler

Loewe

Die Deutsche Bibliothek – CIP-Einheitsaufnahme

Mai, Manfred:
Warum-Geschichten / Manfred Mai.
Zeichnungen von Dagmar Geisler.
Bindlach: Loewe
Meine Zähne.
1. Aufl. – 1994
ISBN 3-7855-2685-7

ISBN 3-7855-2685-7 – 1. Auflage 1994

Umschlagillustration: Dagmar Geisler
Umschlagkonzeption: Karin Roder
Satz: Fotosatz Leingärtner, Nabburg
Gesamtherstellung: L.E.G.O. S.P.A., Vicenza
Printed in Italy

Inhalt

Warum tut das Zahnen weh?

Tina sitzt in ihrem Zimmer und spielt. Obwohl die Tür zu ist, hört sie ihren kleinen Bruder Maximilian schreien. Und das bestimmt schon eine halbe Stunde. Langsam nervt Tina dieses Schreien.

Sie läuft zu Mama und sagt: „Der soll jetzt endlich mal aufhören zu schreien!"

„Maxi schreit ja nicht zum Spaß, sondern weil er zahnt", antwortet Mama.

„Zahnt?" fragt Tina. „Was ist das?"

„Maxi bekommt bald seine ersten Zähne", erklärt Mama. „Und das tut ihm weh."

„Warum?"

Mama antwortet nicht sofort. Sie holt Maximilian aus dem Krabbelstall, nimmt ihn auf den Arm und beruhigt ihn. Dann öffnet sie mit dem Finger vorsichtig seinen Mund.

„Siehst du, wie rot sein Zahnfleisch hier vorne ist?“

Tina nickt.

„Da drunter wachsen die Milchzähne. Und die bohren sich jetzt langsam durchs Zahnfleisch. Das tut Maxi natürlich weh, genau wie es dir weh getan hat.“

„Hab’ ich denn auch so viel geschrien und geweint?“ möchte Tina wissen.

Mama nickt. „Die meisten Babys weinen, wenn sie zahnen.“

„Kannst du Maxi nicht helfen, daß es ihm nicht so weh tut?“

„Wirklich helfen kann ich ihm leider nicht“, sagt Mama. „Ich kann ihm nur ein wenig das Zahnfleisch massieren. Das tut Maxi gut.“

Mama reibt mit dem Finger vorsichtig über das Zahnfleisch. Das scheint Maximilian zu gefallen.

„Darf ich auch mal?“ fragt Tina.

„Ja, klar. Aber sei vorsichtig“, sagt Mama.

Tina massiert ganz behutsam. Ihr Bruder sabbert und gurrt zufrieden.

„Warum sabbert er denn so?“

„Das weiß ich auch nicht genau“, antwortet Mama. „Kinder sabbern immer besonders viel, wenn sie zahnen.“

„Bäh“, sagt Tina, als ihr der Speichel über die Hand läuft. „Das ist ja eklig.“

Sie nimmt den Finger aus Maximilians Mund.

Es dauert nicht lange, bis Maximilian das Gesicht verzieht und wieder zu weinen anfängt.

„Ich glaube, wir müssen mit Maxi zum Zahnarzt gehen“, meint Tina.

Mama schüttelt den Kopf. „Der kann beim Zahnen auch nicht helfen.“

„Aber wir können Maxi doch nicht den ganzen Tag massieren.“

„Das brauchen wir auch nicht“, beruhigt Mama Tina. „Es tut ihm ja nicht den ganzen Tag

gleich weh. Oft ist er schon zufrieden, wenn er seinen Beißring oder eine harte Brotrinde hat und darauf herumbeißen kann. Das ist für ihn so ähnlich, wie massiert zu werden."

„Und wie lange dauert es, bis die Zähne da sind?" fragt Tina.

Mama zieht die Schultern hoch. „Weiß nicht. Aber bei den ersten dauert es bestimmt nicht mehr lange."

Und tatsächlich: Schon drei Tage später kommt etwas Weißes durchs Zahnfleisch. Maximilians erster Zahn! Mama und Tina freuen sich.

„Der erste Zahn muß gefeiert werden", sagt Mama.

Sie fährt zum Italiener und holt eine große Pizza.

Tina deckt solange den Tisch, und zwar richtig schön festlich. Dann lassen sie sich die Pizza schmecken. Nur Maximilian bekommt nichts davon. Mit einem Zahn kann man nämlich noch keine Pizza essen.

Warum wackelt der Zahn?

Viola liegt noch im Bett und döst vor sich hin. Plötzlich spürt sie etwas Seltsames in ihrem Mund und ist sofort hellwach. Sie drückt mit der Zunge leicht dagegen. Sie tastet mit dem Finger vorsichtig danach. Dann springt sie aus dem Bett und ruft durch die Wohnung: „Mama! Papa! Mein Zahn wackelt!"

„Wirklich?" fragt Mama. „Laß mal sehen."

Viola reißt den Mund auf und läßt den Zahn mit der Zunge leicht wackeln.

„Tatsächlich", sagt Papa. „Er wackelt."

„Kannst du ihn wieder festmachen?" fragt Viola.

Papa lacht. „Nein, das kann ich nicht."

„Warum nicht?"

„Weil die Milchzähne raus müssen, damit die richtigen Zähne Platz haben", antwortet Papa.

„Unter deinen Milchzähnen wachsen schon die richtigen Zähne“, erklärt Mama. „Du bist jetzt sechseinhalb. In diesem Alter fallen die ersten Milchzähne aus. Das ist ganz normal.“

Während Mama redet, stößt Violas Zunge immer wieder gegen den Wackelzahn. Viola will das gar nicht, aber die Zunge tut es trotzdem.

„Ich kann das Wackeln nicht leiden“, sagt sie.

„Dann gibt’s nur eins“, meint Papa. „Der Zahn muß raus! Du mußt zum Zahnarzt.“

Viola schüttelt energisch den Kopf. „Nein, zum Zahnarzt geh’ ich nicht!“

„Warum denn nicht?“ möchte Mama wissen.

„Weil ... weil ...“, stottert Viola, „... weil ich nicht will.“

„Aha“, sagt Papa. „Jetzt ist alles klar. Du hast einfach Angst vor dem Zahnarzt. Dabei reißt er keinem den Kopf ab, sondern höchstens mal einen Zahn aus. Natürlich ist es nicht besonders angenehm, wenn einem der Zahnarzt im Mund herumwerkelt. Aber schlechte Zähne und Zahnschmerzen sind noch viel unangenehmer. Seitdem mich ein Zahnarzt mal von rasenden Zahnschmerzen befreit hat, schätze ich diesen Beruf sehr.“

„Ich geh’ trotzdem nicht zu ihm!“

„Dann mußt du den Zahn entweder selber

ziehen oder warten, bis er von allein rausfällt", sagt Papa.

„Wie soll ich ihn denn selber ziehen?" fragt Viola.

„Früher hat man die Zähne ganz einfach gezogen", erzählt Mama. „Ein Faden wurde um den Zahn gebunden und mit dem anderen Ende an einer Türklinke festgemacht. Dann zog jemand rasch die Tür auf, und durch das ruckartige Spannen des Fadens wurde der Zahn herausgerissen."

Viola verzieht das Gesicht, weil sie sich das ziemlich schlimm vorstellt. „Das mach' ich nicht. Dann warte ich lieber, bis der Zahn von allein rausfällt."

„Das dauert bestimmt nicht länger als drei, vier Tage", meint Mama. „Und wenn du immer kräftig dran wackelst, geht's noch schneller."

Viola wackelt an dem Zahn wie eine Weltmeisterin. Und nach zwei Tagen kommt sie strahlend nach Hause gelaufen. „Mama! Papa! Ich hab' ihn!" Stolz zeigt sie den Eltern ihren ersten ausgefallenen Milchzahn.

„Den heben wir auf", sagt Mama. „Der ist eine schöne Erinnerung." Dann legt sie den Zahn in eine kleine Glasdose. Die stellt Viola stolz in ihr Regal.

Warum bringt Dr. Bitzmann ein Monstergebiß mit?

Axel möchte heute nicht in den Kindergarten. Er tut so, als habe er furchtbare Bauchschmerzen, und legt sich gleich nach dem Aufstehen wieder hin. Mama setzt sich zu ihm. Sie kennt die „Krankheit“, die Axel heute plagt: Angst vor dem Zahnarzt.

Das gibt Axel jedoch nicht zu. „Ich habe Bauchweh und Fieber“, behauptet er.

Mama legt ihm die Hand auf die Stirn. „Fieber hast du nicht, und dein Bauchweh kommt nur von der Angst.“

„Gar nicht wahr!“ widerspricht Axel.

Mama schaut ihn an und sagt: „Wenn der Zahnarzt in den Kindergarten kommt, möchte er nur eure Zähne sehen. Das tut doch nicht weh.“

„Ich lass’ ihn aber meine Zähne nicht sehen!“

„Warum denn nicht?“ möchte Mama wissen. „Du hast doch sehr schöne Zähne. Wenn der Zahnarzt die sieht, freut er sich.“

„Mir egal.“ Axel nimmt sich fest vor, den Zahnarzt nicht in seinen Mund schauen zu lassen.

Im Kindergarten spielt Axel nicht mit den anderen Kindern. Er sitzt in einer Ecke und starrt vor sich hin.

Gerade als die Kinder frühstücken, kommt Dr. Bitzmann, der Zahnarzt, herein. „Guten Morgen. Hier komme ich ja genau richtig“, sagt er und setzt sich zu den Kindern. „Ihr habt ja leckere Sachen dabei, wie ich sehe. Da kriege ich richtig Appetit.“

„Von mir kannst du ein Brot haben“, sagt Alisa. „Ich mag das sowieso nicht.“

„Das ist aber schade“, sagt Dr. Bitzmann. „So ein Vollkornbrot ist gut für die Zähne und sehr gesund.“

„Ich mag aber lieber das essen, was er hat“, sagt Alisa und zeigt auf Mario.

Mario hat ein Brötchen mit Schoko-Creme drauf und eine Flasche Limonade.

Dr. Bitzmann schüttelt nachdenklich den Kopf. „Das schmeckt zwar süß, ist aber sehr schlecht für die Zähne.“

Dann erzählt Dr. Bitzmann den Kindern, was gut für die Zähne ist: Vollkornbrot, Milch, frisches Obst und Gemüse und auch Nüsse.

Er zeigt auf Axels Frühstück. „Das ist prima. Ein dunkles Brot, eine Karotte und ein Apfel. Damit bleiben deine Zähne und dein Zahnfleisch gesund."

Axel freut sich über das Lob.

„Was ist denn nicht gut für die Zähne?" fragt Dr. Bitzmann die Kinder.

Die Kinder zählen auf: Bonbons, Schokolade, Gummibärchen, Zucker und Eis.

„Alles, was gut schmeckt“, meckert Mario.

„Darf ich dann nie mehr ein Eis essen?“ fragt Kerstin entsetzt.

„Aber natürlich darfst du das“, beruhigt sie Dr. Bitzmann. „Wenn du etwas Süßes gegessen hast, solltest du danach allerdings die Zähne putzen.“

„Immer Zähneputzen ist ja doof“, murmelt Mario.

„Weißt du überhaupt, wie man die Zähne richtig putzt?“ fragt Dr. Bitzmann.

„Klar“, sagt Mario und reibt mit dem Zeigefinger auf seinen Zähnen hin und her.

„Das genügt nicht. Man muß auch von oben nach unten putzen“, sagt Alisa. „Und innen drin.“

Dr. Bitzmann nickt. „Das ist sogar ganz wichtig. Denn die Speisereste sitzen überall.“

Nach dem Frühstück zeigt Dr. Bitzmann den Kindern, wie sie ihre Zähne putzen sollen. Dazu hat er ein großes Gebiß und eine riesige Zahnbürste mitgebracht.

„Das Gebiß sieht ja aus, als ob es von einem Monster wäre“, meint Lukas.

Dr. Bitzmann lacht. „Möchtest du das Monstergebiß mal putzen?“

Lukas traut sich nicht. Das Monstergebiß ist

ihm ein bißchen unheimlich. Aber Mario traut sich. Und nach ihm auch andere Kinder. Doch viele putzen die Zähne falsch.

Dr. Bitzmann erklärt und zeigt noch einmal, wie man es richtig macht. „Wir beginnen innen und putzen jeden Zahn einzeln. Dabei lassen wir die Zahnbürste vom Zahnfleisch zum Zahn kreisen. Nicht hin und her, nicht rauf und runter, sondern immer in kleinen Kreisen putzen. Wenn wir innen fertig sind, putzen wir außen. Und zuletzt kommen noch die Kauflächen dran. Immer mit kreisender Bürste. Das ist ein bißchen

anstrengender, aber dafür bekommen eure Zähne auch keine Löcher.“

Als dann alle Kinder an dem Monstergebiß geübt haben, hat Dr. Bitzmann noch eine Überraschung. Jedes Kind bekommt von ihm eine neue Zahnbürste und eine kleine Tube Zahncreme. Damit gehen alle in den Waschraum und putzen die Zähne. Die Kinder geben sich große Mühe. Dr. Bitzmann und die Erzieherinnen helfen, wo es notwendig ist.

„Prima“, lobt Dr. Bitzmann. „Jetzt klappt es ja schon recht gut.“

Nachdem die Zähne blitzblank sind, schaut Dr. Bitzmann jedem Kind noch in den Mund. Bei Mario entdeckt er zwei Löcher. „Du mußt bald zum Zahnarzt gehen, sonst bekommst du noch Schmerzen.“

Nach Mario ist Axel an der Reihe. Er hat ganz vergessen, daß er den Mund nicht aufmachen wollte.

„Du hast sehr schöne und gesunde Zähne“, sagt Dr. Bitzmann. „Wenn du sie weiterhin gut pflegst, hat der Zahnarzt bei dir keine Arbeit.“

Axel strahlt.

Warum schmeißt Julia die Zahnbürsten weg?

Julia kommt von der Schule nach Hause und marschiert sofort ins Bad.

Papa wundert sich. „Was ist denn los?“ ruft er.

Julia antwortet nicht. Sie kommt mit vier Zahnbürsten in der Hand aus dem Bad.

„Was willst du denn mit den Zahnbürsten?“ möchte Papa wissen.

„Wegschmeißen.“

„Wegschmeißen?“ Papa guckt Julia an, als sei mit ihr etwas nicht in Ordnung. „Aber sonst geht’s dir gut, oder?“

Julia reagiert nicht. Sie geht an Papa vorbei zum Mülleimer.

„Was soll denn das?“ fragt Papa jetzt einen Ton lauter. „Warum willst du die Zahnbürsten wegschmeißen?“

„Weil sie schon viel zu alt sind.“

„Zu alt?“ Papa hält Julia fest und will ihr die Zahnbürsten wegnehmen. „Die sind doch nicht alt. Die haben wir doch höchstens ein halbes Jahr.“

„Das ist viel zu lang. Man darf eine Zahnbürste höchstens zwei bis drei Monate benutzen.“ Julia hält die Zahnbürsten hoch. „Schau mal, die Borsten sind schon ganz verbogen. Sie stehen gar nicht mehr aufrecht.“

„Na und“, sagt Papa. „Ich kann meine Zähne trotzdem damit putzen.“

„Aber nicht richtig“, entgegnet Julia. „Weil nämlich …“

„Woher weißt du das alles denn so genau?“ unterbricht Papa sie.

„Von Frau Nuber“, antwortet Julia. „Die hat es uns erklärt.“

„So, so“, brummt Papa. „Und deine Lehrerin

hat zu dir gesagt, du sollst unsere Zahnbürsten in den Müll werfen?"

„Ja ... nein." Julia schüttelt den Kopf. „Sie hat gesagt, wenn die Borsten schon weich und verbogen sind, muß man die Zahnbürste wegschmeißen und eine neue nehmen. Sonst kann man die Zähne nicht mehr richtig putzen. Dann bekommt man Zahnbelag, Karies und Paro...dingsbums..."

„Aha", sagt Papa. „Parodingsbums. Alles klar."

„Ich weiß nicht mehr genau, wie das Wort heißt."

„Parodontose heißt es."

„Genau", sagt Julia. „Dann wird das Zahnfleisch krank. Die Zähne lockern sich, und sie können sogar ausfallen."

„So, so", sagt Papa wieder. Jetzt schmunzelt er. „Daß unsere Zähne ausfallen, wollen wir natürlich nicht. Na, dann laß mich die Zahnbürsten mal anschauen."

Er fährt mit dem Finger über die Borsten. „Die sind tatsächlich schon recht weich. Und alle vier Zahnbürsten sehen ziemlich struppig aus. Das ist mir bisher gar nicht aufgefallen. Die müssen wir wohl wirklich in den Müll werfen."

Julia nickt. „Sag' ich doch die ganze Zeit."

Warum helfen Tabletten nicht wirklich?

Am Sonntag nachmittag besuchen Hafners die Oma. Die hat eine leckere Torte gebacken und Kaffee gekocht.

„Deine Torten sind die besten“, lobt Papa seine Mutter und schiebt eine volle Gabel in den Mund.

„So gute Torten kann nicht mal Mama backen“, stimmt Flori seinem Papa zu.

Oma lächelt. „Freut mich, wenn's euch schmeckt.“

„Au!“ ruft Papa plötzlich und verzieht das Gesicht.

Alle schauen ihn erstaunt an. Papa stöhnt und reibt sich die Backe.

„Ach so“, sagt Mama. „Der Zahn tut wieder weh.“

„Warum gehst du denn nicht zum Zahnarzt, wenn du immer Zahnweh hast?“ möchte Flori wissen.

„Ich hab’ ja nicht immer Zahnweh“, antwortet Papa. Er holt ein Päckchen Schmerztabletten aus der Tasche und schluckt eine.

Mama schüttelt den Kopf. „Immer Tabletten nehmen, das ist nicht gut.“

„Und die helfen auch nicht wirklich“, sagt Marina. „Die betäuben nur für eine Weile den Schmerz. Aber die Ursache für den Schmerz bleibt.“

„So, so“, brummt Papa. „Woher bist du nur so schlau?“

„Das haben wir in der Schule besprochen“, sagt Marina. „Wenn man Zahnweh hat, soll man sofort zum Zahnarzt gehen. Der kann dann feststellen, woher die Schmerzen kommen. Wahrscheinlich ist ein Loch im Zahn, oder die Zahnwurzel ist entzündet. Wenn man das nicht behandeln läßt, wird alles nur noch schlimmer.“

„Klug daherreden kann ich auch“, entgegnet Papa unwirsch.

„Warum gehst du denn nicht zum Zahnarzt?“ fragt Flori wieder.

„Weil er Angst hat“, sagt Mama.

„Papa hat keine Angst!“

Papa sagt nichts.

Dafür redet Oma. „Als Kind hatte dein Papa keine Angst vor dem Zahnarzt. Aber mit zwanzig hat er noch mal Zähne bekommen ...“

„Mit zwanzig?“ fragt Marina erstaunt.

Oma nickt. „In diesem Alter wachsen bei vielen Menschen noch die letzten Backenzähne, die sogenannten Weisheitszähne. Und das gibt manchmal Probleme. Genau wie damals bei eurem Papa. Bei ihm mußte man alle vier Weisheitszähne ziehen, und das war ziemlich schmerzhaft. Stimmt's?“

„Ja, ja“, sagt Papa nur. „Lassen wir das jetzt lieber.“

„Aber wenn du nicht zum Zahnarzt gehst, werden die Schmerzen immer schlimmer, und dann mußt du immer mehr Tabletten nehmen“, sagt Marina besorgt. „Und von den vielen Tabletten kannst du sogar krank werden.“

„Ich nehm' ja nicht viele Tabletten“, entgegnet Papa. „Höchstens ab und zu mal eine.“

„Auf jeden Fall nimmst du welche.“ Mama schüttelt den Kopf. „Und das ist keine Lösung, da hat Marina recht.“

Papa steht auf und geht langsam im Zimmer hin und her.

„Ich versteh' dich wirklich nicht“, sagt Mama.

„Ich geh' eben nicht gern zum Zahnarzt. Das ist alles."

„Gern geht wohl niemand zum Zahnarzt", sagt Oma. „Aber was sein muß, muß eben sein. Und je schneller du es hinter dich bringst, desto besser."

„Dann kannst du auch wieder von Omas guter Torte essen, ohne daß du Zahnweh bekommst", sagt Marina.

„Ist gut, ist gut." Papa gibt sich geschlagen. „Gleich morgen geh' ich zum Zahnarzt."

Warum gibt es Bohrer?

Dorina schaukelt mit ihrer Freundin Miriam in der Hängematte im Garten. Da kommt Mama und sagt: „Wir müssen gleich los zur Zahnärztin. Du mußt vorher noch die Zähne putzen."

Zahnärztin! An die hat Dorina gar nicht mehr gedacht. Eigentlich hat Dorina keine Angst, aber ein bißchen mulmig ist ihr schon. Sie würde lieber zu Hause bleiben.

„Soll ich mitkommen?" fragt Miriam.

Das möchte Dorina nicht. Sie geht ins Bad und putzt ihre Zähne besonders gründlich. Dann holt sie ihren Elefanten aus dem Bett.

„Willst du Bimbo mitnehmen?" fragt Mama.

Dorina nickt nur. Auch auf dem Weg zur Praxis ist Dorina ungewöhnlich still.

In der Praxis fragt eine Zahnarzthelferin: „Bist du zum ersten Mal bei uns?"

Dorina nickt.

Die Zahnarzthelferin schaut auf ihren Plan und sagt: „Du mußt noch ein bißchen warten. Setz dich doch mit deiner Mama solange noch ins Wartezimmer."

Im Wartezimmer sitzt schon ein Mann. Er liest in einer Zeitschrift.

„Hier riecht es überall so komisch", sagt Dorina leise.

„So riecht es bei Zahnärzten immer."

„Mir wird gleich schlecht", flüstert Dorina.

Mama schaut Dorina an. Dann öffnet sie ein Fenster und sagt: „Stell dich mal hier hin, und atme frische Luft ein. Das hilft bestimmt."

Das tut Dorina, aber das flaue Gefühl im Magen verschwindet nicht. „Ich möchte nach Hause", sagt sie. „Der Zahn tut auch gar nicht mehr weh."

Mama nimmt Dorina auf den Schoß. „Ich versteh' dich ja. Mir ist auch immer ein bißchen mulmig, wenn ich hier im Wartezimmer sitze. Aber wenn wir jetzt gehen würden, müßten wir vielleicht schon morgen oder übermorgen wiederkommen."

Dorina weiß das. Trotzdem möchte sie jetzt lieber gehen. Aber da wird sie schon aufgerufen. Jetzt ist es zu spät. Mit Mama an der Hand und

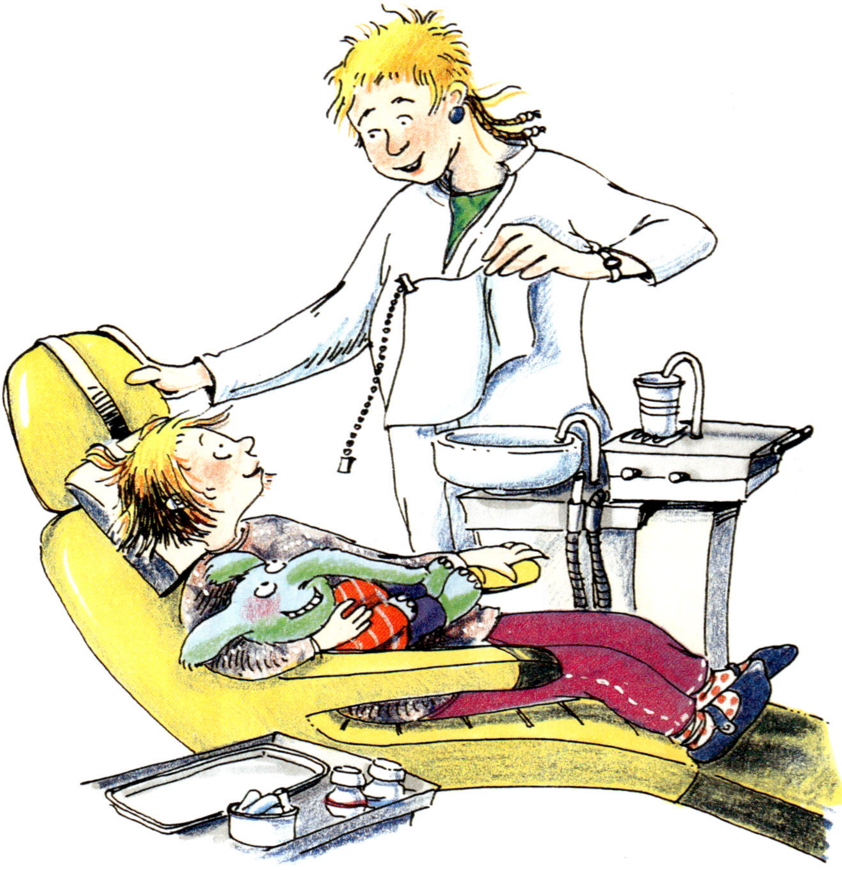

Bimbo unter dem Arm geht Dorina ins Sprechzimmer.

„Du darfst dich auf den tollen Stuhl setzen“, sagt die Zahnarzthelferin.

Dorina setzt sich auf den Behandlungsstuhl.

„Jetzt paß mal auf!“ Die Zahnarzthelferin läßt den Stuhl rauf- und runterfahren. Das gefällt Dorina.

Die Zahnarzthelferin bindet ihr eine Serviette um den Hals. Dann kommt Frau Dr. Lange herein und begrüßt Dorina und Mama.

„Das ist aber ein schöner Elefant“, sagt sie zu Dorina. „Der ist bestimmt sehr stark.“

Dorina nickt.

„Dann muß ich natürlich besonders gut aufpassen, daß ich dir nicht weh tue. Sonst packt mich dein Elefant noch mit seinem langen Rüssel.“

„Bimbo ist ganz lieb“, sagt Dorina.

„Na, da bin ich ja beruhigt.“ Frau Dr. Lange zwinkert. „Aber ich passe trotzdem gut auf.“ Sie nimmt den Mundspiegel und ein spitzes Häkchen. „Mit dem Mundspiegel kann ich auch die Innenseite deiner Zähne sehen. Dieses Häkchen nennt man Sonde“, erklärt Frau

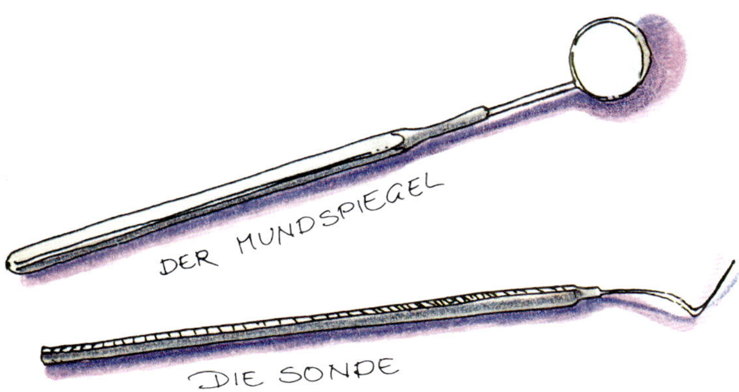

Dr. Lange. „Damit kann ich feststellen, ob die Schutzschicht deiner Zähne hart genug ist." Dann stellt sie die Lampe so ein, daß das Licht genau auf Dorinas Mund fällt und sie besser sehen kann. „So, nun will ich mir deine Zähne mal anschauen."

Dorina sperrt den Mund auf. Frau Dr. Lange schaut jeden Zahn genau an. Da und dort kratzt sie ein wenig mit der Sonde. „Das sieht recht gut aus“, sagt sie. „Bis auf ein kleines Loch im Backenzahn hast du schöne und gesunde Zähne. Wenn wir das Loch zumachen, ist alles wieder in Ordnung.“

Dorina weiß, was das bedeutet: Bohren! Sie greift nach Mamas Hand. Warum gibt es nur die dummen Bohrer? denkt sie.

„Schau mal, Dorina, das hier ist der Bohrer.“ Frau Dr. Lange zeigt Dorina einen kleinen silbernen Stift. „Wenn ich mit dem Fuß auf einen Schalter drücke, dreht sich der Bohrer. Siehst du?“

Dorina nickt.

„Wenn du den Bohrer mit dem Finger berührst, kitzelt es ein bißchen“, sagt Frau Dr. Lange. „Versuch’s mal.“

Zögernd streckt Dorina den Finger aus. Tatsächlich, es kitzelt und tut überhaupt nicht weh.

„Das Loch in deinem Zahn ist noch so klein, daß das Bohren bestimmt nicht weh tun wird“, sagt Frau Dr. Lange. „Ich muß dir nicht mal eine Spritze geben. Aber wenn ich dich spritzen müßte, wäre das auch nicht schlimm. Du weißt ja: Das pikst nur kurz, wie wenn dich jemand zwickt."

Die Zahnarzthelferin hat ein Röhrchen in der Hand.

„Das ist der Speichelsauger", erklärt Frau Dr. Lange. „Damit saugt Frau Roth deine Spucke weg. Sonst sehe ich ja nicht, wo ich bohren muß."

Dann geht's los. Der Bohrer surrt leise, der Speichelsauger röchelt. Dorina sitzt ganz steif im Stuhl und drückt Bimbo fest an sich. Sie spürt den Bohrer und den Speichelsauger, sieht das Gesicht von Frau Dr. Lange, dreht die Augen, um nach Mama zu schauen, wartet darauf, daß irgendwas passiert …

„Gleich haben wir's", sagt Frau Dr. Lange. „Nur noch ein kleines Fitzelchen." Es rumpelt noch einmal kurz. „Schon fertig. Na, das war doch halb so schlimm, oder?"

Dorina nickt. Es war zwar nicht gerade angenehm mit Bohrer und Speichelsauger im Mund. Aber schlimm war's wirklich nicht.

Frau Dr. Lange nimmt den Luftbläser. „Nun muß ich das Loch noch trockenpusten, damit die Füllung auch richtig hält."

Dorina zuckt zusammen, weil es im Zahn zieht. Aber das ist sofort wieder vorbei.

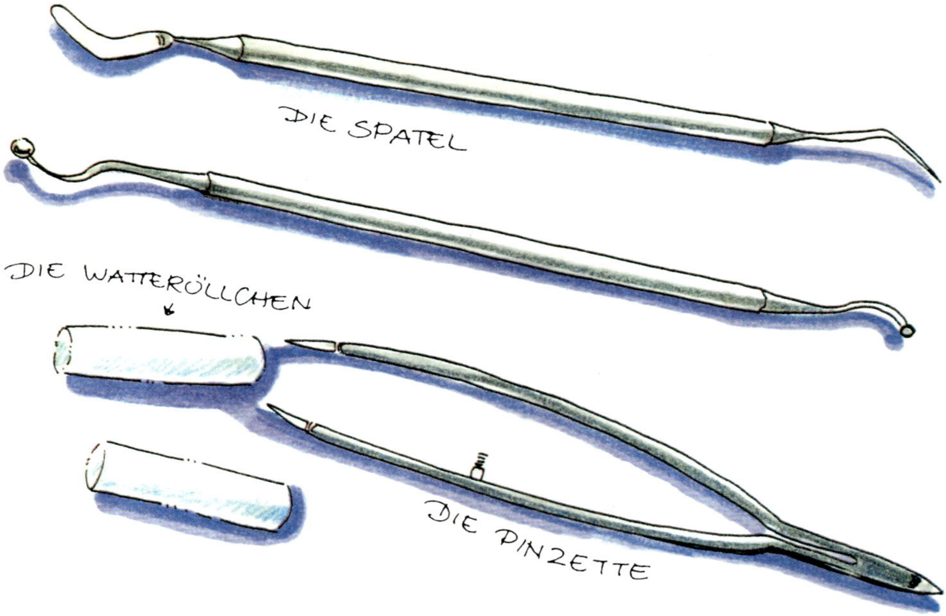

„Jetzt darfst du deine Zunge nicht mehr bewegen, damit das Loch trocken bleibt, bis es gefüllt ist“, sagt Frau Dr. Lange. Sie legt weiße Watteröllchen vor und hinter den Zahn.

Frau Roth, die Zahnarzthelferin, hat inzwischen auf einer kleinen Glasplatte die Unterfüllung vorbereitet. Mit einem Metallstäbchen, dem Spatel, verteilt Frau Dr. Lange die weiße Masse im Loch. Auf die Unterfüllung streicht sie mit einem winzigen Pinsel eine Flüssigkeit, damit die Zahnfüllung besser hält. Diese drückt sie mit Spatel und Stopfer in das Loch. Dann legt Frau Dr. Lange ein blaues Plättchen auf den Zahn, und Dorina muß kräftig zubeißen. An zwei Stellen ist die neue Füllung ein wenig zu hoch.

„Die muß ich noch schnell abschleifen", erklärt Frau Dr. Lange.

Das geht ruckzuck und tut kein bißchen weh. Dorina muß noch einmal zubeißen. Alles paßt.

„So, jetzt sind wir fertig. Du kannst den Mund ausspülen." Frau Dr. Lange lächelt. „Ich muß dich wirklich loben. Du warst tapfer und hast ganz toll mitgemacht."

Dorina freut sich. „Es war auch gar nicht so schlimm, wie ich gedacht habe", sagt sie strahlend.

Warum kann Manuel nicht mehr lachen?

Manuel traut sich kaum noch zu lachen, weil die andern ihn dann auslachen. „Manuel hat Reißzähne wie ein Vampir“, spotten sie. Wenn Manuel dann wütend wird, rufen sie: „Paßt auf, sonst beißt er uns mit seinen Reißzähnen und saugt uns das Blut aus!“

Manchmal würde Manuel die andern wirklich am liebsten beißen, obwohl er kein Vampir, sondern ein ganz normaler Junge ist. Auch wenn er im Oberkiefer zwei weit hervorstehende Eckzähne hat.

„Warum habe ausgerechnet ich so blöde Zähne?“ fragt er seine Eltern.

„Du hast überhaupt keine blöden Zähne, sondern einen zu schmalen Oberkiefer“, erklärt Mama. „Deswegen bekommst du bald eine

ZONG

Zahnspange. Die dehnt langsam den Oberkiefer, so daß dann alle Zähne genügend Platz haben."

Manuel findet auch Zahnspangen blöd. Aber lieber für einige Zeit eine Spange als für immer solche Eckzähne, denkt er.

An einem schulfreien Nachmittag fährt Mama mit Manuel zu Dr. Uhl. Er ist ein besonderer Zahnarzt, ein Kieferorthopäde.

Zuerst schaut sich Dr. Uhl Manuels Zähne genau an. Dabei erklärt er eine ganze Menge.

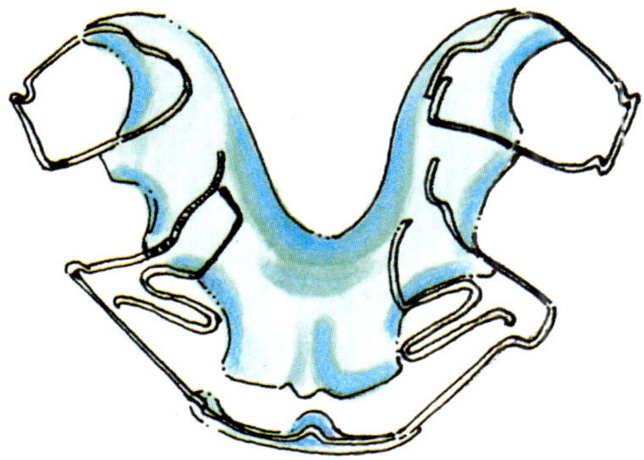

Manuel hört ihm interessiert zu, aber er versteht nicht alles.

„Du hast bei Kindern bestimmt schon Zahnspangen gesehen, die an den Zähnen festgemacht sind“, sagt Dr. Uhl.

Manuel nickt.

„Ich denke, so eine feste Spange ist bei dir nicht nötig. Wahrscheinlich reicht eine lose Spange, die du selbst herausnehmen kannst. Aber um das ganz genau zu sehen, müssen wir erst deinen Kiefer röntgen.“

Manuel erschrickt.

„Keine Angst, das tut nicht weh, du spürst überhaupt nichts“, beruhigt ihn Dr. Uhl.

Eine Zahnarzthelferin geht mit Manuel in einen anderen Raum. Dort muß sich Manuel auf einen Stuhl setzen. Die Zahnarzthelferin stellt den Röntgenapparat richtig ein und hängt Manuel

eine Schutzhülle um den Hals. „Jetzt darfst du dich einen Moment nicht bewegen."

Manuel sitzt ganz steif auf dem Stuhl. Die Zahnarzthelferin geht hinaus und kommt kurz danach wieder herein. „Das hast du prima gemacht", lobt sie ihn.

Manuel wundert sich. Das ging aber schnell, denkt er. Und ich habe tatsächlich überhaupt nichts gespürt.

Dann gehen die beiden zurück zu Dr. Uhl. „Na, alles gut überstanden?"

Manuel nickt.

Dr. Uhl lächelt. „Na, siehst du, das ist alles halb so schlimm. Jetzt brauchen wir noch einen Abdruck von deinem Gebiß." Er zeigt Manuel eine rosarote Masse, die aussieht wie Knete.

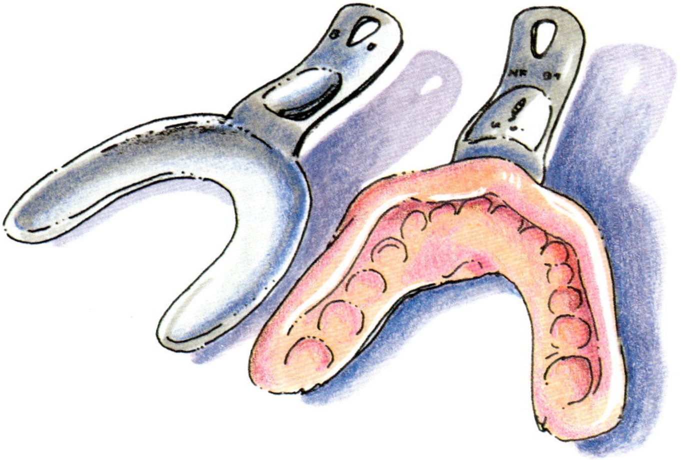

„Das ist Plastilin. Das schiebe ich jetzt in deinen Mund, dann mußt du langsam zubeißen, bis ich halt sage."

Manuel öffnet den Mund und schließt die Augen. Aber auch diesmal passiert nichts. Das Plastilin schmeckt zwar ein bißchen seltsam, doch das ist alles.

„So, für heute bist du fertig", sagt Dr. Uhl zu Manuel. „Wir füllen jetzt die Abdrücke mit Gips aus. Wenn die hart sind, haben wir dein Gebiß in Gips. Mit Hilfe des Gipsgebisses formt die Zahntechnikerin dann eine Spange, die genau für dein Gebiß paßt. Jetzt darfst du dir noch aussuchen, welche Farbe deine Spange haben soll."

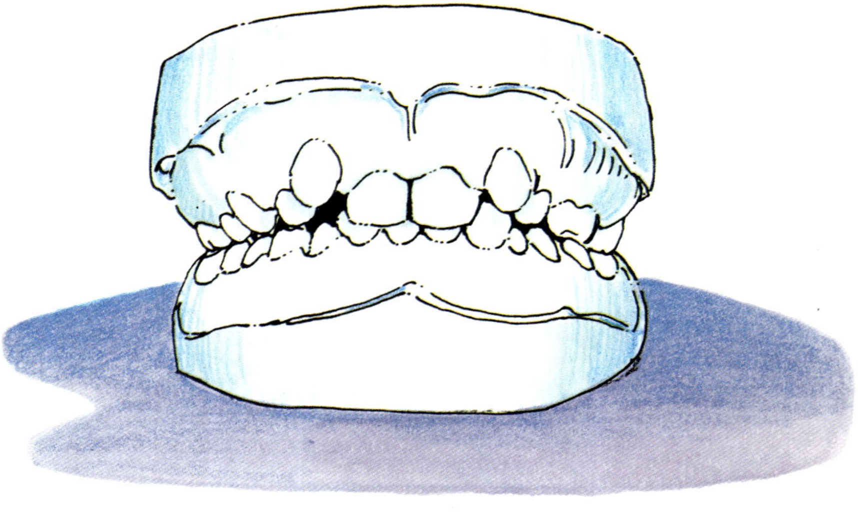

Manuel will eine blaue.
Zwei Wochen später ist die Spange fertig.
„Am Anfang ist es natürlich noch ungewohnt, eine Spange im Mund zu haben“, sagt Dr. Uhl.

„Aber bald wirst du mit ihr genauso sprechen können wie ohne sie."

Da ist sich Manuel noch nicht so sicher.

„Am wichtigsten ist, daß du sie regelmäßig trägst." Dr. Uhl zwinkert Manuel zu. „Da du eine lose Spange hast, kannst du sie ja jederzeit herausnehmen. In der Schule und beim Essen brauchst du sie nicht zu tragen, aber sonst solltest du es immer tun. Und wenn sie dich irgendwo zwickt oder zwackt, kommst du sofort, damit ich nachsehen kann. Alles klar?"

Manuel nickt.

Eine Zahnarzthelferin erklärt Manuel noch, wie er die Spange behandeln und pflegen soll. Dann kann er gehen.

Zu Hause läuft er sofort ins Bad und schaut sich im Spiegel an.

Na ja, denkt er. Schön ist es gerade nicht. Aber ganz so doof, wie ich dachte, sehe ich mit der Spange auch nicht aus.

Warum kann Opa ohne Zähne schlafen?

Am Samstag dürfen Carola und ihr Bruder Steffen bei Oma und Opa schlafen. Darauf freuen sie sich, denn bei Oma und Opa dürfen sie am Abend noch fernsehen.

„So, jetzt reicht's für heute", sagt Oma. Sie geht mit Carola und Steffen ins Bad. „Vor dem Schlafen, nach dem Essen, Zähneputzen nicht vergessen", reimt sie.

Bei Steffen geht das ziemlich schnell.

Oma schüttelt den Kopf. „Das war viel zu kurz. Deine Zähne sind noch gar nicht richtig sauber."

„Aber ich bin doch sooo müde", sagt Steffen.

„Wer so lange fernsehen kann, kann auch die Zähne richtig putzen", entgegnet Oma.

Murrend putzt Steffen noch mal ein bißchen.

„Na ja", sagt Oma. „Für heute wollen wir's mal

gut sein lassen. Aber morgen früh mußt du die Zähne gründlich putzen."

Am Sonntag morgen wacht Steffen als erster auf. Er bleibt noch eine Weile im Bett liegen und träumt vor sich hin. Dann weckt er seine Schwester. „Mir ist langweilig. Und ich hab' Hunger."

„Dann hol dir was zu essen, und laß mich schlafen", brummt Carola.

Steffen kriecht aus dem Bett und watschelt in die Küche.

„Wer schleicht denn schon so früh durchs Haus?" ruft Oma aus dem Schlafzimmer.

Steffen schiebt die Schlafzimmertür auf und guckt hinein. Opa ist auch schon wach.

„Du bist ja ein richtiger Frühaufsteher", sagt er zu Steffen.

Seine Stimme klingt ganz komisch, gar nicht nach Opa, findet Steffen.

„Opa!" ruft Steffen plötzlich. „Du hast ja gar keine Zähne mehr!"

„Natürlich hab' ich Zähne." Opa schmunzelt. „Nur nicht im Mund."

„Wo … wo … wo sind sie denn?" stottert Steffen.

„Im Bad", antwortet Opa.

„Ohne dich?"

Opa lacht. „Ohne mich. Ich hab' nämlich ganz moderne Zähne. Die bleiben allein im Bad, wenn ich ins Bett gehe."

Steffen weiß nicht mehr, was er sagen soll. Er steht nur da und starrt seinen Opa an.

„Dein Opa hat ein Gebiß", sagt Oma. „Das nimmt er am Abend heraus und legt es in ein Glas Wasser mit einem Säuberungsmittel. So wird es schön sauber, und verlieren kann er es in der Nacht auch nicht."

„Willst du mein Gebiß mal sehen?" fragt Opa.

Steffen weiß nicht recht. Er möchte schon, aber irgendwie ist ihm die Sache ein wenig unheimlich.

Opa steigt aus dem Bett und nimmt Steffen an der Hand. „Komm mal mit!“

An der Badezimmertür bleibt Steffen stehen.

„Hier ist es“, sagt Opa und streckt Steffen sein Gebiß entgegen. Der weicht zurück.

„Keine Angst, es beißt nicht. Jedenfalls nicht ohne mich.“ Opa hält das Gebiß unter den Wasserhahn und spült es ab. Dann schiebt er es in den Mund. Erst den oberen Teil, dann den unteren. Jetzt sieht er wieder richtig wie Opa aus.

„Warum kannst du deine Zähne aus dem Mund nehmen?“ möchte Steffen wissen.

„Weil das keine echten, sondern künstliche Zähne sind. Meine richtigen Zähne habe ich alle verloren“, antwortet Opa.

„Ja, früher hat dein Opa seine Zähne nicht gründlich genug geputzt“, sagt Oma, die auf einmal hinter Steffen steht. „Deshalb sind sie krank geworden, und der Zahnarzt mußte sie ziehen.“

„Aber nicht alle“, widerspricht Opa. „Die meisten Zähne habe ich erst später verloren.“ Er zeigt auf seine Glatze. „Weißt du, Steffen, wenn man alt wird, fallen einem langsam die Haare und Zähne aus.“

„Und warum sind keine neuen Zähne mehr gewachsen?“

„Zähne wachsen nur zweimal im Leben“, antwortet Oma. „Zuerst die Milchzähne, und dann die richtigen Zähne. Deswegen muß man seine Zähne immer gut putzen. Denn wenn die

zweiten Zähne erst einmal kaputt sind, dann ist nicht mehr viel zu machen."

„Warum hast du deine Zähne nicht sauber geputzt?" möchte Steffen von Opa wissen.

„Tja, weißt du, früher hat man darauf noch nicht so geachtet wie heute", erzählt Opa. „Als ich so alt war wie du, hatte ich nicht mal eine eigene Zahnbürste. Damals waren wir sehr arm. Meine Eltern hatten Mühe, uns Kinder alle satt zu bekommen. Besonders im Krieg und in den Jahren danach. Unsere Zähne waren da nicht so wichtig. Es gab auch nicht so viele Zahnärzte und gute technische Mittel wie heute. Und wenn man zu einem Zahnarzt ging, war es oft schon zu spät. Dann konnte er den Zahn meist nur noch ziehen."

„Siehst du", sagt Oma zu Steffen, „deswegen ist es so wichtig, daß du die Zähne gründlich putzt."

„So ein Gebiß hat aber auch seine Vorteile", sagt Opa. „Mir tut jedenfalls kein Zahn mehr weh."

„Auch nicht, wenn du viele Gummibärchen und Schokolade ißt?" fragt Steffen.

„Auch dann nicht."

„Dann möchte ich vielleicht auch so ein Gebiß", meint Steffen. Aber ganz sicher ist er sich noch nicht. Darüber muß er erst in Ruhe nachdenken.

Der Autor

Manfred Mai, 1949 in Winterlingen geboren, ist auf einem Bauernhof aufgewachsen. Als Kind machte er sich nichts aus Büchern und hatte mit Schule auch nicht allzuviel im Sinn. Nach dem Schulabschluß begann er eine Malerlehre und arbeitete in einer Fabrik. Aber so recht glücklich war er dabei nicht. Er wurde immer unzufriedener und ging auf die Suche nach Neuem. In dieser Zeit entdeckte er, daß Bücher etwas Tolles sind. Er laß und lernte viel, wurde Lehrer und schließlich Schriftsteller. Heute lebt Manfred Mai mit seiner Frau und zwei Töchtern in seinem Geburtsort Winterlingen im schönen Schwabenländle. Und wenn er Lust hat, schreibt er manchmal so, wie man in seiner Heimat schwätzt, nämlich schwäbisch.

Die Illustratorin

Dagmar Geisler wurde 1958 in Siegen geboren. In Wiesbaden studierte sie das Zeichnen, und direkt nach dem Studium fing sie an, für verschiedene Verlage Bücher zu illustrieren. Sie ist Mutter eines Sohnes und lebt mit ihrer Familie bei München.

Kennst du auch die anderen Warum-Geschichten
von Manfred Mai?

Im Zoo

In der Schule

Beim Arzt und im Krankenhaus

Vom Schmusen und Liebhaben

Wie es früher war

Im Verkehr

Ausländer bei uns

Die Feuerwehr